DE L'UTILITÉ

DES

ASSURANCES CONTRE L'INCENDIE

DÉDIÉ

Aux Agriculteurs, Industriels et Négociants
du Bourbonnais.

PAR

M. Ch. BÈCHEREL,

Représentant général d'Assurances à Moulins (Allier).

MOULINS

IMERIE DE C. DESROSIERS,

1873

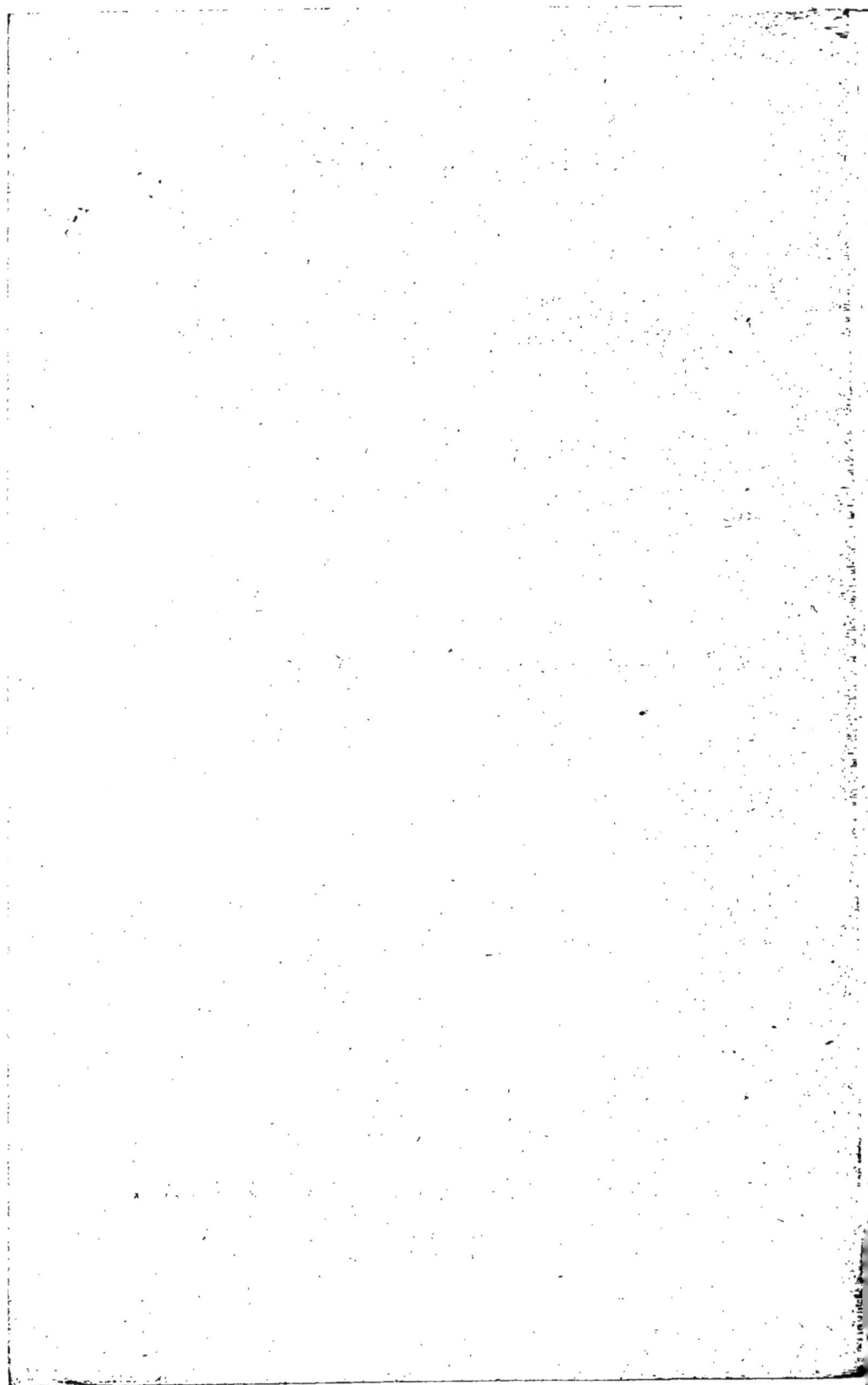

DE L'UTILITÉ

DES

ASSURANCES CONTRE L'INCENDIE

DÉDIÉ

**Aux Agriculteurs, Industriels et Négociants
du Bourbonnais.**

PAR

M. Ch. BÉCHEREL,

Représentant général d'Assurances à Moulins (Allier).

MOULINS

IMPRIMERIE DE C. DESROSIERS.

1873

NOTA. — On trouvera chez l'auteur tous les renseignements voulus sur les Compagnies et Sociétés françaises en ce qui concerne les diverses branches d'Assurances : **Incendie, Grêle, Mortalité des bestiaux, Assurances sur la vie humaine et Assurances maritimes.**

INTRODUCTION

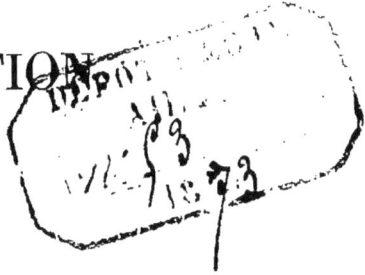

Je me suis trouvé un instant embarrassé pour faire précéder ma petite brochure d'une introduction ; car j'ai cela de commun avec un grand nombre de lecteurs qui ne lisent l'introduction qu'ils trouvent trop stérile, qu'après avoir lu l'ouvrage en entier.

Moi aussi, je voulais composer l'introduction de ma brochure après l'avoir écrite, lorsqu'en jetant, par hasard, les yeux sur le *Petit Journal* du 24 juin 1872, j'y ai lu un article signé Thomas Grimm, qui remplissait exactement le but de mes recherches.

Thomas Grimm, cet élégant journaliste que tout le monde connaît, et qui traite avec une facilité surprenante un peu tous les sujets, a consacré trois colonnes de son estimable *Petit Journal* à donner un aperçu des immenses succès obtenus par les plus anciennes Compagnies d'Assurances contre l'Incendie, depuis leur fondation jusqu'à nos jours. Il ressort clairement d'après ces renseignements, que la richesse de ces Compagnies ne laisse plus le moindre doute sur la question de solvabilité qu'un grand nombre de personnes osent encore invoquer pour repousser la combinaison des assurances.

Que ces personnes lisent donc attentivement l'extrait qui suit, et je suis convaincu qu'elles seront définitivement désabusées.

« L'assurance, cette forme excellente de l'é-
« pargne, qui garantit l'avenir sans grever le
« présent, qui laisse à l'homme toute sa liberté
« d'action, en le mettant à l'abri des risques et
« des accidents ; l'assurance a été trop souvent
« expliquée, étudiée, commentée, encouragée
« ici-même, pour que je traite de nouveau la
« question à fond ; mais il est un fait qui a dû
« vous étonner, mes chers lecteurs, autant
« qu'il m'a surpris moi-même.

« En parcourant les annonces publiées dans
« les journaux d'hier, notre attention s'est fixée
« sur celle qui annonce la vente des actions
« d'une Compagnie d'assurances *Le Soleil.*

« Ce fait me fournit l'occasion d'envisager
« l'assurance au point de vue financier.

« Les chiffres ont leur éloquence et lorsqu'ils
« suivent une marche progressive non inter-
« rompue, ils constatent une situation impor-
« tante et digne d'une sérieuse attention.

« Puisque c'est une Compagnie d'assurance
« contre l'incendie qui suscite cette étude, je
« bornerai mes recherches historiques à ces
« sortes d'assurances.

« L'application des principes de l'assurance
« aux désastres causés par l'incendie, remonte
« au XVIIᵉ siècle.

« La première Compagnie d'Assurances en
« Angleterre date du 15 octobre 1681, mais ce
« ne fut qu'en 1696 que cette Compagnie, qui
« prit plus tard la dénomination de : *La main
« dans la main ou la Bonne foi,* arriva à une
« exécution parfaite. En 1718, elle comptait
« 3,666 maisons d'Assurées.

« En France, la Compagnie qui paraît avoir
« été la première, se forma à Paris par acte
« d'association du 29 janvier 1750 et se renou-
« vela en 1753.

« En 1786, des arrêts du conseil du 20 août
« et du 6 novembre, autorisent à Paris, avec

« privilége, deux Compagnies d'Assurances
« contre le feu.

« La plus importante de ces Compagnies
« était celle des frères Perrier, directeurs de
« la *Compagnie des Eaux de Paris.*

« Toutes ces Compagnies furent bientôt
« après dissoutes par l'effet de l'abolition des
« priviléges à la suite de la révolution de 1789.

« En 1811, les Compagnies d'Assurances
« n'avaient pas encore reparu, et, bien qu'un
« décret du 18 septembre de cette année en fît
« pressentir le retour, le premier Empire dis-
« parut sans qu'elles fussent reconstituées.

« Ce n'est qu'en 1816 qu'on les voit s'organi-
« ser en empruntant d'abord la forme mutuelle.

« En 1818, en 1819, ce système d'assurances
« se répandit dans Paris, dans les départe-
« ments environnants et dans ceux du Nord
« et du Haut-Rhin.

« Ce fut bientôt après que les Compagnies à
« prime fixe, qui devaient donner une grande
« impulsion à l'assurance en la vulgarisant,
« firent leur apparition.

« La *Compagnie Générale* est la première en
« date, vinrent ensuite la *Nationale*, le *Phénix*,
« l'*Union*, le *Soleil*, et successivement toutes

« celles qui composent aujourd'hui le groupe
« des grandes Compagnies.

« Ces grandes Compagnies jouissent d'une
« puissance immense.

« Possédant des agents dans tous les coins
« de la France, investies de la confiance géné-
« rale parce qu'elles ont fait leurs preuves et
« qu'on sait qu'elles paient bien leurs sinistres,
« elles monopolisent les assurances à leur pro-
« fit et réalisent chaque année des bénéfices
« immenses.

« En 1829, deux frères, apôtres de l'assu-
« rance, créèrent une nouvelle Compagnie
« d'assurances à primes fixes contre l'in-
« cendie.

« Ils l'appelèrent le *Soleil*.

« Cette Compagnie fut constituée au capital
« de six millions, sur lesquels il ne fut appelé
« qu'un million comme fonds de garantie.

« Vous allez voir ce qu'est devenue cette
« Société.

« S'appuyant sur ce fonds de garantie rela-
« tivement faible, le *Soleil* commença ses opé-
« rations.

« Le montant des primes encaissées en 1871
« a été de 6,249,566 fr. 94 c. Il sera plus élevé
« cette année-ci.

« Aux termes des statuts, un fonds de pré-
« voyance devait être constitué et le chiffre en
« avait été fixé à six millions, chiffre égal à
« celui du capital de fondation. — Ce fonds de
« prévoyance est complet depuis le mois de
« janvier dernier et il est représenté par des
« immeubles, des rentes françaises et des va-
« leurs de premier ordre, dont le produit s'a-
« joute désormais aux bénéfices ordinaires et
« vient grossir le dividende des actions.

« Il résulte de cet aperçu historique que les
« actions des Compagnies-assurances doivent
« être et sont très-recherchées.

« Leurs heureux possesseurs les gardent pré-
« cieusement ; c'est un apanage de famille que
« l'on se transmet de père en fils.

« Elles sont du reste accaparées par les fon-
« dateurs et les administrateurs des Compa-
« gnies qui sont certains, tant l'assurance se
« propage et se vulgarise, de se donner à eux-
« mêmes une assurance de gros revenus.

« Voyez, en effet, le chemin parcouru par
« les actions des grandes Compagnies.

« Les actions de la Compagnie Générale
« sur lesquelles il a été versé 1,000 fr. rappor-
« tent un revenu annuel de 6,000 fr. et se ven-
« dent, quand on les trouve à 60 et 70,000 fr.

« Celles de la *Nationale* ont un versement de
« 1,000 fr., donnent des dividendes de 1,000
« francs et valent de 12 à 15.000 fr.

« Les autres Compagnies suivent à distance
« parce qu'elles sont moins anciennes, mais
« leur situation aussi est une des plus en-
« viables.

« Voilà pourquoi les porteurs de ces titres
« les gardent, voilà pourquoi ces heureux pla-
« cements sont inaccessibles au public.

« Il a fallu une circonstance financière bien
« imprévue pour que le *Moniteur des tirages*
« *financiers* fût en mesure d'offrir à ses clients
« un lot des actions du *Soleil.*

« Ces actions sont offertes au public à 3,816
« francs.

« Les évaluations pour le revenu de l'année
« 1872 ne sont pas moindres de 10 0/0.

« Ce revenu est très-beau, mais ce n'est pas
« tout.

« Et, en effet, il faut, à côté des revenus
« actuels, tenir compte des revenus futurs ;
« car, ne l'oublions pas, les revenus s'accrois-
« sent chaque année, ce qui fait que plus une
« Compagnie est ancienne plus le cours de ses
« actions est élevé.

« Les actions de la Compagnie du *Soleil*,
« suivront donc les voies parcourues par les
« actions de ses aînées ; elles monteront pro-
« gressivement et arriveront à des cours bien
« supérieurs à ceux d'aujourd'hui.

« Ce n'est qu'une question de temps. »

DE L'UTILITÉ

DES

ASSURANCES CONTRE L'INCENDIE

———

Les *Assurances* doivent être la base de toute spéculation solide, qu'il s'agisse des intérêts d'un propriétaire, d'un négociant, d'un cultivateur, ou d'un industriel quelconque. Cette combinaison étant la plus sûre garantie de la préservation de toutes les valeurs tant mobilières qu'immobilières ; il en résulte clairement, que tout homme intelligent, qui songe sérieusement à ses propres intérêts, ainsi qu'à l'avenir de sa famille, doit se faire un devoir d'accepter, comme principe, les bienfaits attachés aux assurances.

Les ouvriers ou agriculteurs, que leur manque d'instruction ou de prévoyance exposent à se trouver privés d'un auxiliaire aussi puissant, doivent au moins se rendre à l'évidence de cette grande nécessité, en voyant tous les jours s'assurer des personnes que la fortune et l'expérience des affaires ont élevées au-dessus de la classe ordinaire.

L'assurance, ainsi comprise par tous, atteindra son but principal qui est : d'éviter au riche propriétaire une gêne momentanée dans ses finances ; au gros négociant un désarroi dans ses affaires commerciales ; enfin, aux petits propriétaires, fermiers, métayers et industriels une ruine souvent complète.

Tout, en effet, concourt à nous faire entrevoir la grande utilité des assurances et l'appui que toutes les puissances leur ont accordé, est une preuve convaincante des immenses services qu'elles ont rendus jusqu'à ce jour. Le gouvernement Français et une grande partie des autres gouvernements Européens n'ont pas hésité à faire assurer leurs immeubles.

Les Compagnies de chemins de fer, afin de donner à leurs actionnaires un surcroît de garantie, ont fait assurer leurs diverses constructions, ainsi que l'immense matériel d'exploitation dont elles disposent ; elles ont été imitées, en cet acte de prévoyance , par les grandes sociétés industrielles , et il n'est pas aujourd'hui jusqu'au plus petit négociant qui ne s'empresse d'assurer le faible capital qu'il place dans le commerce.

Devant des exemples aussi évidents, je ne doute pas que l'agriculteur ne fasse, à son tour, couvrir toutes ses propriétés par l'assurance ; car, entre lui et le commerçant, il n'y a pas de différence : l'un spécule sur la vente de ses produits et l'autre sur celle de ses marchandises. Si un sinistre frappe l'agriculteur, il est également exposé à perdre : ses bâtiments, ses bestiaux, ainsi que les diverses productions de ses propriétés, qui constituent la base de son travail et la source de sa prospérité.

Pour reconnaître les causes qui ont servi d'origine à la fondation des Compagnies d'assurances, il faut considérer l'union qui, de tout temps, a engagé les hommes à se rapprocher et à se prêter un mutuel concours. C'est à cette union que nous sommes redevables des nombreuses associations qui se sont formées et

auxquelles il a été permis d'accomplir les dé-
couvertes de toute nature qui ont fait, à juste
titre, la gloire de ces derniers siècles.

L'invention des chemins de fer qui sillon-
nent notre continent en tous sens, celle des
bateaux à vapeur qui vont jusqu'à l'extrémité
du monde échanger le surplus de nos produits,
contre des objets d'utilité et de luxe. L'invention non moins surprenante des télégraphes,
qui abolissent toute distance par la communi-
cation rapide de la pensée, toutes ces inven-
tions, dis-je, sont autant de preuves de la puissance d'une société réunie, qui se propose d'atteindre un but de civilisation malgré toutes
les difficultés qu'elle peut avoir à combattre.

Au moment où, grâce au développement de
l'intelligence et du progrès, tout concourait au
bien-être général de l'humanité, des hommes,
au-dessus de tout éloge ont compris qu'il ne
suffisait pas que la société jouisse seulement
des bienfaits apportés par le progrès, mais qu'il
fallait en outre garantir au chef de famille les
biens que son intelligence et son travail lui
avaient permis d'acquérir en lui donnant le
moyen de les mettre à l'abri de toute fâcheuse
éventualité.

Afin d'atteindre un but si méritoire, ces mêmes hommes organisèrent sous divers titres des Compagnies d'assurances ; ils réunirent à cet effet, par l'intermédiaire de nombreux actionnaires, des capitaux considérables qui s'élevèrent à plusieurs millions ; après avoir fait une récapitulation exacte des valeurs consumées par les incendies depuis un certain nombre d'années, ils établirent leurs premiers tarifs, et ne furent pas peu surpris du résultat qui les amenait à n'exiger comme prime annuelle qu'une somme médiocre de laquelle allait désormais dépendre la sécurité de chaque famille.

Aussi les succès qu'ils obtinrent dès le début furent-ils des plus brillants, et il n'existe pas moins aujourd'hui en France d'un million de familles qui ne doivent à ces heureuses associations le bien-être dont elles jouissent.

Les deux exemples qui suivent vont me permettre de développer entièrement la grande combinaison des assurances.

M. X..., négociant à Clermont-Ferrand, avait débuté dans la carrière commerciale en qualité de commis dans une des premières maisons de Lyon. L'aptitude et l'intelligence qu'il apporta à son travail ne tardèrent pas à lui attirer l'estime et la confiance de son patron, et, à l'âge de 25 ans, muni de quelques avances que ce dernier lui avait faites, M. X... vint fonder pour son compte une maison de commerce à Clermont, sa ville natale.

M. X... contracta, au début de son établissement, une assurance contre l'incendie ; tranquille désormais sur ce point, il put voir son commerce qu'il avait d'abord organisé sur une petite échelle, s'accroître insensiblement, et au bout d'une vingtaine d'années d'un travail assidu, il devint le chef d'une des principales maisons de sa localité.

A la veille de se retirer de son commerce à la tête duquel il se proposait de placer l'aîné de ses enfants, M. X... se rendit un jour à la campagne pour y visiter une petite maison dont il se proposait de faire l'acquisition, afin d'y passer tranquillement les dernières années de son existence.

Le même soir, regagnant son domicile, il fut péniblement affecté à sa rentrée en ville par les cris : Au feu !... qui sortaient de toutes les bouches, ainsi que de l'effroyable tumulte qui régnait dans la direction de son quartier ; s'étant informé du nom des malheureuses victimes de cet incendie, il lui fut répondu que le feu s'était déclaré chez lui. M. X... n'en entendit pas davantage, et, se précipitant vers sa demeure avec tous les symptômes d'un horrible désespoir, il eut à son arrivée la poignante douleur de voir réduites en cendres les nombreuses marchandises dont le capital formait son unique fortune ; néanmoins, en cet instant critique, son désespoir fut tempéré et sa douleur diminuée au souvenir de l'assurance qu'il avait contractée.

En effet, M. X... ne fut pas déçu dans ses espérances, car huit jours s'étaient à peine écoulés depuis le moment fatal du sinistre, qu'il touchait la somme de deux cent mille francs équivalent au montant de sa perte.

M. X... put donc, malgré le malheur qui l'avait frappé, voir ses beaux rêves se réaliser et six mois plus tard il habitait avec son épouse la petite maison de campagne qui était le but de son unique ambition ; son fils, placé à la tête de la maison de commerce que son père avait rétablie, ne tarda pas à son tour à se créer une superbe position.

Voici un autre exemple des plus frappants, qui prouvera les malheurs auxquels sont expo-

sées les personnes qui ne s'assurent pas. Je tiens le récit de ce terrible exemple d'un de mes amis qui était directeur d'assurances à Besançon et lié intimement avec la victime de ce drame émouvant.

Pour la facilité de la narration, je laisse ici mon ami parler lui-même :

M. Lenoir, commis-voyageur à Besançon, s'était attiré par son intelligence, sa ponctualité et son activité au travail, la confiance d'un grand nombre de maisons de commerce, qui n'hésitèrent pas lorsqu'il entreprit de fonder une maison en son nom, de le seconder en lui accordant un certain crédit.

Etant moi-même l'ami de M. Lenoir, je me fis un devoir de lui offrir l'assurance de ses marchandises, mais ce fut avec peine que je lui vis repousser mes offres de services et combattre avec opiniâtreté les sages conseils que je crus devoir lui donner en cette circonstance. Découragé par mon insuccès, je me gardai dès lors de parler de nouveau à M. Lenoir de ce qu'il traitait comme une dépense inutile.

Après quelques années d'un travail heureux et productif, M. Lenoir évaluait, avec un orgueil très-légitime, avoir gagné une quarantaine de mille francs, disant que le crédit dont il jouissait était des plus large ; il ajoutait même avec la conviction qu'autorisait son heureux passé, que dans cinq ans au plus il aurait réalisé une petite fortune.

Mais hélas ! ses rêves d'avenir et le fruit de son travail devaient être bientôt renversés, et cela par suite de son opiniâtreté à considérer comme inutile ce qui est toujours sage et indispensable : LA PRÉVOYANCE.

Un soir du mois d'août, par un temps très-orageux, M. Lenoir était dans son bureau situé dans l'arrière boutique, occupé à la vérification de sa caisse, lorsqu'un éclair suivi d'une détonation très-forte, illumina soudain son magasin. Presqu'au même instant, un commis tout effrayé, se précipita dans le bureau de M. Lenoir lui annonçant que la foudre venait de faire explosion au milieu de ses marchandises et y avait communiqué un violent incendie.

Malgré toute l'activité qu'il déploya dans cette triste circonstance, malgré les prompts secours qui lui furent apportés par la population de la ville, M. Lenoir ne put sauver que sa comptabilité et eut l'extrême douleur de voir toutes ses marchandises devenir en peu d'instants la proie des flammes.

Les pertes évaluées le lendemain s'élevèrent environ à *quatre-vingt mille francs*, et la comptabilité prouva que sur ce chiffre la moitié seulement en était soldée aux maisons de commerce qui lui avaient fait des avances et qui étaient, faute de garanties suffisantes, condamnées à subir la moitié des pertes. M. Lenoir, père de famille, fut dès ce jour plongé dans la plus affreuse misère, et lorsqu'il essaya de se placer de nouveau en qualité de commis-voyageur, on ne tarda pas à s'apercevoir que le coup terrible qui l'avait ruiné avait également atteint ses facultés mentales, ce qui le rendait inapte à tout travail de ce genre. M. Lenoir ne tarda pas à succomber à cette funeste maladie de l'intelligence, laissant pauvres et sans soutien, sa femme et ses enfants pour lesquels il avait maintes fois rêvé de beaux jours.

Cet exemple, qui malheureusement n'est pas unique dans son genre, engagera, j'ose l'espérer, les chefs d'usines, de fabriques ou de maisons de commerce, non seulement à s'assurer eux-mêmes, mais encore à conseiller et au besoin même à exiger que leurs nombreux clients s'assurent ; car le plus solvable d'entre eux, peut être réduit à faire une faillite involontaire par suite d'incendie.

Je ne veux pas m'étendre davantage sur ce qui concerne la branche commerciale ; mon principal but en écrivant cette brochure étant de la dédier à la classe des agriculteurs du Bourbonnais ; classe qui est la plus exposée par la nature de ses travaux et par sa position retirée des grands centres à être privée des connaissances nécessaires, pour apprécier à son point de vue réel la sécurité résultant des assurances.

La longue expérience que j'ai acquise, étant spécialement attaché depuis un certain nombre d'années aux assurances de l'agriculture, va me permettre de résoudre en quelques lignes les principales objections qui ont été faites à mes diverses propositions.

Je prie toutefois le lecteur de m'excuser si je me laisse entraîner à résoudre quelques questions qui lui paraîtront par trop naïves ; mais si, comme moi, il a fréquenté pendant quelque temps les habitants des campagnes, il n'en sera nullement étonné, car malheureusement il existe encore des classes de la société qui ont été jusqu'à ce jour privées des bienfaits de l'instruction et par ce seul fait inhabiles à participer au développement de certaines questions sociales, qui auraient pu leur être d'une bien grande utilité.

Entre toutes ces questions, l'une des plus importantes est celle des *Assurances contre l'incendie*. Ces assurances qui depuis bientôt un siècle apportent la sécurité au sein de l'industrie et du commerce, et qui ont été généralement adoptées par tous les grands propriétaires, n'ont malheureusement pas encore pénétré parmi les cultivateurs de nos contrées et principalement parmi les fermiers et les métayers.

Il est donc bien naturel que je développe à tous les points de vue et en le simplifiant le plus possible, l'enseignement de l'assurance, qui est appelé, sous des formes diverses, à jouer un rôle des plus utiles au sein des populations agricoles.

Afin d'atteindre plus facilement mon but, j'établirai un dialogue entre un Agent d'assurances et des agriculteurs de diverses catégories.

Dialogue entre un agent d'assurance et un propriétaire aisé

L'AGENT.

Ayant appris, Monsieur, que vous étiez un des rares propriétaires qui ne sont pas encore assurés, je suis venu vous faire mes offres de services.

LE PROPRIÉTAIRE.

Il m'est impossible, Monsieur, d'accepter les combinaisons de l'assurance, car, d'après le compte que j'ai établi depuis plusieurs années, il en résulte que la somme que j'aurais versée entre les mains de la Compagnie, me suffirait à la construction des bâtiments d'un domaine.

L'AGENT.

Combien vous figurez-vous donc être obligé de payer annellement à une Compagnie d'assurances ?

LE PROPRIÉTAIRE.

Je n'ai jamais été fixé définitivement sur ce point, mais d'après les valeurs tant mobilières qu'immobilières que je possède et qui ne s'élèvent pas à moins de deux cent mille francs, je crois que je serais bien obligé de payer au moins une somme de 500 francs par an.

L'AGENT.

Permettez-moi de vous faire observer, Monsieur, que vous êtes dans l'erreur ; car d'après les tarifs de ma compagnie, votre assurance ne vous reviendrait pas à plus de 200 francs. A présent, supposons un instant qu'un sinistre qui peut vous frapper aujourd'hui pour demain, ne vous arrive que dans dix ans : il en résultera que pour deux mille francs que vous aurez versés, la Compagnie vous remboursera le montant intégral de vos pertes, quelque élevé qu'en puisse être le chiffre.

LE PROPRIÉTAIRE.

Malgré tous vos arguments, je crois que les 20,000 fr. de revenus que je possède, peuvent me permettre de rester mon propre assureur.

L'AGENT.

Obligé de contester encore vos idées sur ce point, permettez que je vous adresse quelques questions.

A quoi employez-vous vos revenus annuels ?

LE PROPRIÉTAIRE.

Une partie est destinée à mes besoins et à ceux de ma famille ; une autre partie est employée à l'entretien et à l'amélioration de mes propriétés, et enfin, j'utilise ce qui reste à faire de nouvelles acquisitions.

L'AGENT.

Ainsi donc, d'après l'établissement de vos comptes, vos revenus ont leur destination assignée d'avance ?

LE PROPRIÉTAIRE.

Parfaitement.

L'AGENT.

Eh bien, Monsieur, voici en quelques mots le but que vous atteindrez en faisant figurer annuellement au budget de vos dépenses la somme de 200 fr. montant de votre assurance :

1° Vous éviterez le désordre qu'un incendie ne manquerait pas de jeter dans la répartition de vos revenus ;

2° Vous aurez en même temps l'avantage de donner à votre capital tant mobilier qu'immobilier un premier gage de sécurité ; car une fois assuré, les effets toujours si ruineux d'un incendie sont écartés pour vous, et, ce malheur arrivant, la Compagnie à laquelle vous aurez accordé votre confiance vous remboursera exactement le montant de vos pertes, ce qui vous permettra de réparer le désastre dont vous aurez été victime sans porter nulle atteinte à la position dont vous jouissiez avant le sinistre ;

3° Au cas, enfin, ou vous seriez assez heureux pour que rien de semblable ne vous arrive ; les sommes versées par vous entre les mains de la Compagnie serviront à venir en aide à d'autres familles qui n'auront pas eu le bonheur de partager votre sécurité.

Ainsi, Monsieur, vous le voyez, l'assurance remplit le noble but d'unir dans un intérêt commun et de faire participer au désastre d'un seul, le plus grand nombre possible de personnes qui ont en vue la sécurité de leurs intérêts, et par ce moyen réunir la somme nécessaire à indemniser les sinistrés de leurs pertes, ce qui permet bien souvent à un pauvre père de famille de continuer à donner à ses enfants le morceau de pain qui leur eut manqué le lendemain d'un incendie.

LE PROPRIÉTAIRE.

Pour la première fois de la vie, je me rends un compte bien exact du système des assurances, et afin de ne pas être taxé d'égoïsme, en m'éloignant volontairement d'un système dont le principal mobile est l'union des intérêts, je vous prie dès cet instant de bien vouloir me compter au nombre de vos assurés.

Dialogue entre un Agent d'assurance et un Fermier.

L'AGENT.

Ayant appris que depuis la St-Martin dernière, vous étiez devenu le fermier de M. le Baron Collas, et supposant que vous n'étiez pas encore assuré, je viens, au nom de la Compagnie que je représente, vous faire mes offres de service.

LE FERMIER.

Ma responsabilité n'étant pas très-étendue, je crois que c'est plutôt à M. le baron à s'assurer qu'à moi-même ; au reste l'assurance des bâtiments ne me regarde nullement.

L'AGENT.

Vous êtes dans la plus profonde erreur ; car du jour où votre propriétaire vous a confié ses fermes, vous êtes devenu non seulement responsable du matériel d'exploitation qu'elles contiennent, mais encore des bâtiments que vous habitez en qualité de principal locataire. Cette responsabilité vous est édictée par les articles 1733 et 1734 du Code Napoléon, conçus à peu près en ces termes : *(Tout locataire est responsable envers son propriétaire des bâtiments qu'il occupe, à moins qu'il ne prouve que l'incendie est arrivé par une force majeure, cas fortuit ou vice de construction. Le locataire est non seulement responsable des dégâts d'un incendie occasionné par son propre fait, mais encore de ceux occasionnés par suite de l'imprudence d'un membre de sa famille ou d'un de ses domestiques.)*

LE FERMIER.

Je ne connaissais pas encore cette loi ; que faut-il donc faire pour me mettre à l'abri de cette responsabilité ?

L'AGENT.

Il faut pour cela assurer les risques locatifs, et, moyennant une faible somme, ma Compagnie se rendra responsable en votre lieu et place.

Mais en outre de votre responsabilité locative, il existe une autre garantie qui vous intéresse au plus haut degré, qui est celle de l'assurance de votre mobilier personnel et aratoire, de vos céréales, de vos pailles, etc. De plus, le jour où vous avez pris la ferme, un inventaire a bien été dressé, constatant le chiffre du montant du cheptel, ainsi que la quantité de foins et pailles que vous preniez le jour de votre entrée en jouissance, et vous vous êtes engagé, par conditions écrites au bail, de laisser à votre successeur le même chiffre et la même quantité d'objets ?

LE FERMIER.

Oui, Monsieur.

L'AGENT.

Alors vous avez d'autant plus d'intérêt à vous assurer que votre position est des plus précaires ; car au moindre accident qui vous frappera, si vous êtes obligé de faire un déboursé d'une dizaine de mille francs, non seulement cela vous sera presque impossible, mais encore si vous voulez, malgré votre malheur, continuer votre exploitation agricole, les fonds nécessaires que vous aviez destinés aux besoins de l'agriculture venant à vous faire défaut, vous végeterez péniblement jusqu'à l'expiration de votre bail, époque à laquelle vous serez obligé de quitter votre ferme après y avoir épuisé les économies que vous possédiez et sur lesquelles vous fondiez de légitimes espérances.

LE FERMIER.

Vous avez bien deviné ma position et je réfléchis en ce moment qu'il y a bientôt cinq ans un de mes amis, fermier comme moi, fut ruiné par suite d'un incendie, et ne voulant pas m'exposer à subir un pareil sort, je vous prie de m'assurer.

Dialogue entre un Agent et un Métayer.

L'AGENT.

Bonjour, mon ami.

LE MÉTAYER.

Bonjour, M'sieu.

L'AGENT.

Je sors à l'instant de chez votre propriétaire qui m'a donné son assurance ; seriez-vous disposé à en faire autant ?

LE MÉTAYER.

J'ous ben d'aut'choses à payer, sans bailler encore noutr'argent pour les assurances.

L'AGENT.

Mais cependant, mon ami, si un accident venait à vous arriver, voyez dans quelle position vous seriez réduit, vous et votre famille.

LE MÉTAYER.

J'ous toujours couru la chance et Dieu merci

à nous est encore rien arrivé, ainsi, je pourons ben encore la courri !

L'AGENT.

Remarquez bien cependant que si le passé vous a été favorable, il peut bien ne pas en être de même de l'avenir, et au moment où vous vous y attendrez le moins, vous pouvez être victime d'un malheur.

LE MÉTAYER.

Ma foi ! à la grâce dé Dieu ! si lé ciel tombe tout' les cailles sont prises.

L'AGENT.

(souriant).

A la vérité, ce que vous me dites là est un peu poussé à l'extrême, car un accident peut très-bien vous arriver avant que la chute du ciel ne nous engloutisse tous.

LE MÉTAYER.

Cà c'est ben vrai, mais je sommes si pauvres que j'ons pas grand'chose à perdre. Ma foi ! au pétit bonheur.

L'AGENT.

Comment, vous n'avez pas grand chose à perdre, mais votre mobilier n'est-il pas à vous ? et si un incendie éclate dans vos granges, principalement après les moissons, ne vous enlève-t-il pas votre récolte qui souvent fait votre seule ressource, et puis, n'êtes-vous pas exposé à subir la perte de votre part de fourrages, de pailles sans compter celle de vos bestiaux.

LE MÉTAYER.

Oh ! j'ons un si bon maître, qu'à viendrait ben à nout'aide si j'avions ce malheur.

L'AGENT.

Tout ce que pourrait faire votre propriétaire dans cette pénible circonstance, serait de vous faire quelques avances qu'il vous retiendrait plus tard, et, après avoir travaillé une vingtaine d'années sous ses ordres, vous parviendriez à grande peine à vous acquitter envers lui.

LE MÉTAYER.

Je nous assurerions ben peut-être tout de

même, mais not' voisin Jacques qué un malin, nous a dit que tous les assureux étiont des voleux.

Votre voisin Jacques, que je n'ai pas l'honneur de connaître et dont toutefois je respecte les lumières, ne vous en n'a pas moins induit en erreur, car le gouvernement qui a contribué autant qu'il l'a pu au développement des Compagnies d'assurances, a établi des moyens de contrôle pour vérifier exactement les valeurs qu'elles offrent en garantie aux assurés, et les tribunaux sont tous les jours appelés à rendre des arrêts qui statuent indistinctement sur les droits des Compagnies et de leurs assurés.

LE MÉTAYER.

J'en comprenons pas si long, mais ce que je savons ben, c'est que l'an darnier, quand nout' ami Jacques a pardu son mobilier par le feu, a nous a ben dit qu'il était assuré pour quatre mille francs et que les assureux ne lui en aviont payé que pour deux mille.

L'AGENT.

Il peut bien être arrivé que Jacques ait assuré plus que la valeur de son mobilier, ce qui a dû être constaté par l'expertise et qu'il ne lui ait été payé que le montant réel de sa perte ; car si les Compagnies payaient à tous les sinistrés deux fois plus qu'ils n'ont perdu, il en résulterait que beaucoup de personnes s'incendieraient volontairement, ce qui rendrait l'existence des assurances impossible.

LE MÉTAYER.

Coum'ça vous payez ce que vous voulez ?

L'AGENT.

Pas du tout, en cas d'incendie, il est appelé deux experts dont l'un est attaché à la Compagnie et l'autre choisi par l'assuré.

Les deux experts réunis sur le lieu du sinistre s'entendent sur le montant des pertes qui est payé comptant et sans aucune retenue. Dans le cas où l'un ou l'autre des experts ne s'entendrait pas sur un point quelconque du réglement, le tribunal de commerce y supplée en désignant à son choix un tiers expert qui statue d'une manière définitive sur les contestations qui divisaient ses deux collègues et les oblige à adopter en dernier ressort les chiffres du montant de sa tierce expertise.

LE MÉTAYER.

De c't manière, de pauv diables coum' nous, qui ne savons ni A ni B, sont aussi ben payés que les bourgeois.

L'AGENT.

Mais évidemment.

LE MÉTAYER.

Comme je n'faisons jamais rin sans consulter not' Messieu, j'allons lui parler et puis je nous conseillerons ce soir avec la femme et les gars et demain matin je vous baillerons not' réponse.

L'AGENT.

C'est entendu, à demain.

Le lendemain.

Eh bien, mon ami, avez-vous consulté votre propriétaire et que vous a-t-il dit?

Ah! Dam M'sieu, a nous a dit que c'est une bonne chose de s'assurer et que je ferions ben de far com' lui; a nous a dit aussi que les assurances pour l' feu a pouvont toujours ben payer parce que si sur cent doumaines il en brûle un, l'argent des quatre-vingt-dix-neuf autres sert à payer le pauv' diable qu'a évu le malheur.

Comben nout' assurance pourrait-elle ben nous coûter?

Nous allons faire l'estimation approximative de ce que vous avez à assurer et ensuite, je vous dirai le montant de ce que vous devez payer; surtout je vous engage à ne pas faire comme votre voisin Jacques qui avait assuré deux fois plus qu'il n'avait, car je vous préviens que vous vous exposeriez à payer plus cher, et le malheur d'un incendie venant à vous arriver, vous ne recevriez ni plus ni moins que ce que vous auriez réellement perdu, comprenez-vous ?

LE MÉTAYER.

Ah ! je somm' pas tout à fait bredins, je comprenons ben.

L'AGENT.

Combien peut valoir votre mobilier ?

LE MÉTAYER.

(Après avoir réfléchi.)

A vaut ben deux mille francs.

L'AGENT.

Quelle est la valeur annuelle de vos récoltes ?

LE MÉTAYER.

Je récoltons deux mille francs de grains.

L'AGENT.

A combien s'est élevé le montant de votre cheptel à la dernière estimation qui en a été faite ?

LE MÉTAYER.

A la Saint-Martin darnière a valait six mille francs.

L'AGENT.

Cela fait donc que votre part est de trois mille francs.

LE MÉTAYER.

N'turellement M'sieu.

L'AGENT.

Quel chiffre peut atteindre bon an mal an la valeur de vos foins et pailles.

LE MÉTAYER.

Je comptons huit cent francs sur les fourrages et sept cent francs sur les pailles à nout' part.

L'AGENT.

C'est bien là tout ce que vous avez ?

LE MÉTAYER.

Où est ben tout M'sieu.

L'AGENT.

(Après avoir calculé).

Eh bien ! voyez mon ami, vous qui me disiez hier soir n'avoir rien à perdre, d'après votre propre estimation je trouve que le capital qui sert à votre travail et duquel dépend votre position ainsi que celle de votre famille, ne s'élève pas à moins de huit mille cinq cents francs.

LE MÉTAYER

(avec satisfaction)

Dis donc, femme? Ou est ben vrai tout de même que tout ben compté ça fait encore de l'argent.

L'AGENT.

Non-seulement, les objets que vous possédez représentent un capital assez élevé, mais encore toutes ces valeurs sont elles exposées à la destruction d'un incendie, ce qui arrivant, ne vous laisserait d'autres ressources que la triste conjecture de prendre une besace vous et votre famille.

LE MÉTAYER.

Ou est ben vrai tout de même.

L'AGENT.

Eh bien, pour vous mettre à l'abri d'une misère semblable, vous ne payerez que la somme de quinze francs par an.

LE MÉTAYER

(avec joie s'adressant à sa famille.)

Dis donc, femme ? Dites donc, les gars ? ça n'est pas cher tout de même, et si j'avions su, y a ben longtemps que j'nous serions assurés. Eh ben M'sieu l'assureux vous pouvez y faire ; au lieu de boire trois bouteilles les dimanches je n'en boirons que deux et n'ot' assurance sera payée. Mais dites donc, pour combien d'années que ça se fait ?

L'AGENT.

Pour faciliter la comptabilité d'une Compagnie et, afin d'économiser aux assurés le coût d'une police renouvelable tous les ans, les assurances se souscrivent pour une période de dix années.

LE MÉTAYER.

Mais si je venions à changer de doumaine ou à tout à fait le quitter ?

L'AGENT.

Ces cas ont fort bien été prévus par nos administrateurs ; si vous changez de domaine vous préviendrez la Compagnie et au moyen d'un avenant de transfert l'on changera votre assurance de domicile. Si vous venez à quitter définitivement l'exploitation de votre domaine, vous en faites également la déclaration et la Compagnie vous remet, conformément à ses statuts, acte de la résiliation de votre police.

LE MÉTAYER.

Çà c'est bien ! mais si j'avions le malheur, comment que faudrait nous y prendre.

L'AGENT.

En cas d'incendie, vous priez M. le Maire de votre commune de vous faire délivrer une déclaration de sinistre par le juge de paix de votre canton. Vous l'adressez immédiatement à l'agent principal du département, lequel, à son tour, la transmet à la direction générale de sa Compagnie.

Cette déclaration reçue, la Compagnie s'empresse d'envoyer un expert sur les lieux, vos pertes sont aussitôt évaluées et huit jours se sont à peine écoulés que vous touchez le montant intégral de vos pertes.

LE MÉTAYER.

Ou est ben une bonne chose tout d'même que les assurances puisqu'elles sauvent souvent

de la misère des pauv' diables comme nous.
Ainsi c'est entendu, pour quinze francs par
an, je pourrons dormir plus tranquilles.

———

Ce dernier dialogue est un abrégé des difficultés qui s'opposent souvent au développement définitif des assurances, et beaucoup
d'agents, quoique portés de bonne volonté,
n'ont pas assez de patience pour affronter avec
calme les réponses naïves qui leur sont faites
et qui sont cependant bien pardonnables dans
la bouche des gens qui les prononcent, parce
que, comme je le disais plus haut, ces gens-là
n'ont jamais reçu aucune instruction.

Aux dialogues qui précèdent, je me bornerai
à ajouter deux exemples qui, j'ose l'espérer,
contriburont beaucoup à déterminer bon nombre de personnes à adopter le système des assurances contre l'incendie.

———

Le nommé Pierre Durand, habitant une des
petites communes du département de la Nièvre,
avait hérité de son père, métayer aisé, de la
somme de dix mille francs.

Pierre Durand, agriculteur intelligent, jugea qu'il ne pouvait mieux employer ses nombreuses connaissances en agriculture, ainsi que les quelques avances qu'il possédait, qu'à l'entreprise d'une ferme. C'est ce qu'il fit, et, après quelques années d'un pénible travail, il vit avec plaisir que ses épargnes ne tarderaient pas à lui permettre d'acheter une petite propriété et de se créer par là une position à peu près libre et indépendante.

Mais, lui aussi, comptait sans les malheurs qui pouvaient l'atteindre, et, à la veille de voir ses beaux rêves se réaliser, un violent incendie détruisait en quelques heures ce qu'il possédait : mobilier, récoltes, bestiaux, foins et pailles, tout devint en quelques instants la proie des flammes et réduisit le malheureux Pierre Durand à aller solliciter auprès de ses amis, de quoi acheter un mobilier et donner du pain à ses enfants.

Les pertes subies furent estimées à 30,000 fr. et le propriétaire qui avait négligé de faire assurer son fermier, dut subir pour sa part une perte de 10,000 fr. que l'infortuné Pierre Durand ne fut pas en état de lui rembourser.

Malgré des exemples de ce genre, qui,

malheureusement, se renouvellent tous les jours, j'entends cependant des propriétaires me dire bien souvent : *Que nous importe l'assurance de nos fermiers, ils doivent bien savoir ce qu'ils ont à faire, et si un accident leur arrive, la loi en main, nous saurons bien les obliger à rétablir les domaines dans les conditions prescrites par leurs baux.*

Ah oui ! peut-on leur répondre, mais pour les forcer à remplir ces obligations, faut-il au moins qu'ils en aient les moyens, et en supposant qu'ils les aient ces moyens, n'en contribuerez-vous pas moins involontairement à leur ruine, en négligeant de les instruire sur les moyens qu'ils doivent employer pour mettre leur position à l'abri de toute fâcheuse éventualité ?

AUTRE EXEMPLE.

Le nommé Jean Dubois habitait depuis un grand nombre d'années, en qualité de métayer, un domaine appartenant à M. le comte *** et situé dans une commune du département de l'Allier.

Malgré la lourde charge que lui imposait une famille composée de six enfants, ainsi que le coûteux entretien de plusieurs domestiques ; Jean Dubois n'en avait pas moins fait toujours honneur à ses affaires, grâce à un travail assidu et à une sage économie. Ses enfants grandissaient et tout faisait présager pour lui un avènir meilleur.

Mais hélas ! une après midi, alors que tout le personnel de la métairie était occupé dans les champs, les deux plus jeunes enfants laissés seuls à la maison s'emparèrent de quelques allumettes se trouvant à leur portée et allumèrent du feu à quelques brins de paille qui dépassaient le seuil de la grange. Le feu se communiqua rapidement aux pailles et fourrages et envahit en un instant toute la construction. Rien ne fut épargné, ni les animaux mugissant de frayeur dans les écuries, ni les meules cependant assez éloignées des bâtiments.

Les flammes s'élevant à une très-grande hauteur furent aperçues de toutes les communes voisines, bon nombre d'habitants accoururent, mais les secours demeurèrent vains, tout fut réduit en cendres.

Le soir de ce funeste jour, l'infortunée famille

Dubois fut obligée d'aller demander à des voisins un gîte pour passer la nuit.

M. le comte *** qui avait eu la prudence de s'assurer reçut le montant intégral de ses pertes ; tandis que son métayer, soit par ignorance, soit par insouciance, n'ayant pas eu cette même précaution, se trouva complétement ruiné.

Une année s'était à peine écoulée, que le malheureux père de famille succombait sous le poids d'un profond désespoir, laissant sur la terre une veuve et six enfants qui n'eurent pour soutien que la bienfaisance publique.

———

Comme il n'est pas un de nous qui, dans sa vie, n'ait été témoin de drames aussi émouvants, je m'asbtiendrai de citer d'autres exemples. Mais au nom de l'humanité, je veux faire un appel aux riches propriétaires qui tiennent entre leurs mains le monopole de l'agriculture et qui sont les premiers à jouir de ses nombreux bienfaits.

C'est donc à eux qu'incombe la tâche d'éclairer leurs fermiers et métayers sur les grands principes des assurances ; car devant la civilisation elle-même, ils sont responsables de ces hommes dont l'ingrate fortune n'a point visité le berceau, et qui dès leur plus tendre enfance ont été condamnés à se vouer aux rudes travaux de l'agriculture.

A eux donc, en revanche, de les aider de leurs lumières et de leurs conseils, afin qu'un jour ces malheureux n'aient pas à maudire leur ignorance.

Et puis, comme je viens de le démontrer dans mes derniers exemples, n'est-il pas de l'intérêt des propriétaires eux-mêmes de faire assurer leurs fermiers et métayers ? Car dans ces deux catégories, combien en existe-t-il qui puissent supporter les désatres d'un incendie sans en être totalement ruinés ? Ce qui le plus souvent, les oblige à faire à leur propriétaire une faillite involontaire en abandonnant des domaines dont ils sont impuissants à réparer les dégâts. Il faut donc, dès ce jour, que tout concoure à l'extension des assurances et que le château ainsi que la chaumière se trouvent également placés sous leur protection.

De cette manière nos cœurs ne se navreront

plus à l'aspect d'un nombre infini de familles qui errent à travers nos campagnes dans la plus affreuse détresse, munies d'un certificat du maire de leur commune qui les autorise à faire appel à la charité publique, les uns, pour avoir du blé afin de nourrir leurs enfants ; les autres, pour obtenir quelques secours pécuniaires, qui leur permettent de reconstruire la chétive cabanne qui leur a été dévorée par les flammes.

Je le répète, pour remédier à des maux si affreux, il n'y a qu'un seul moyen,

C'est l'Assurance !

CHARLES BÉCHEREL.

COMPAGNIE DU SOLEIL

—

ASSURANCE CONTRE L'INCENDIE

ET SUR LA VIE HUMAINE

AUTORISÉE PAR ORDONNANCE ROYALE DU 16 DÉCEMBRE 1829
ET PAR DÉCRETS DES 11 SEPTEMBRE 1857, 21 MARS
1868 ET 24 AOUT 1871.

———⋅⋙⋘⋅———

Fondée en 1829, au capital de SIX MIL-
LIONS de francs, la Compagnie du *Soleil*
présente aujourd'hui des garanties qui s'é-
lèvent à plus de **Vingt millions**.

———

CONSEIL D'ADMINISTRATION

MM. **de Dalmas,** O. ✳, ancien député, *Président*.
    Frémy, G. O. ✳, ancien député.
    Gide, Agent de change honoraire.
    A. Heine (de la maison Fould et Cie).
    de Lapalme, ancien magistrat.

MM. **Mis de Plœuc**, C. ✳, *Vice-Président*. député, sous-gouverneur de la banque de France.

de Ronseray, ✳.

Sapia, O. ✳, ancien Receveur central du Trésor public.

A.-J. Stern (de la maison Stern et Cie).

Véneau, ✳.

DIRECTEUR GÉNÉRAL.

M. **L. Thomas de BOJANO**, ✳.

———

COMITÉ DE VÉRIFICATION DES COMPTES :

MM. BERTRAND ✳, BLANCHARD ✳, PONSIGNON ✳.

———

REPRÉSENTÉE A MOULINS (ALLIER)

Par **M. GILLOT fils**, directeur particulier.

Cours Bérulle, n° 9.

———

La Compagnie assure contre tous les risques ordinaires d'incendie, les valeurs immobilières et mobilières, telles que maisons, forêts, effets mobiliers, marchandises, récoltes, etc. ; elle assure également les recours qui peuvent être exercés, en cas d'incendie de la propriété d'au-

trui, contre ceux qni en sont légalement responsables ; l'assurance contre les bris et dégâts
autres que ceux d'incendie, occasionnés par la
foudre, l'explosion du gaz et de la vapeur est
aussi comprise dans ses opérations.

ASSURANCES SPÉCIALES

CONTRE LES RISQUES DE GUERRE ET D'ÉMEUTE.

La Compagnie du SOLEIL *est la seule de toutes
les Compagnies d'assurances à primes fixes qui
soit autorisée à garantir, moyennant un tarif
spécial, dans des conditions particulières détermi-
nées par ses statuts, les propriétés immobilières et
mobilières contre les risques d'incendies occasionnés par guerre, invasion, force ou occupation
militaire, insurrection et émeute.*

*Les derniers événements n'ont que trop fait res-
sortir l'importance de cette garantie et l'utilité
d'y avoir recours.*

La Compagnie du *Soleil* présente toutes les
conditions de garanties désirables ; aussi
compte-t-elle parmi ses assurés un grand nom-

bre d'administrations municipales et départe-
mentales, de communautés religieuses et de
bienfaisance, et de Compagnies de chemins de
fer, en France et à l'étranger.

L'importance de ses capitaux, ses traités de
réassurances avec de grandes Compagnies françaises et étrangères, lui permettent d'accepter
l'assurance des établissements les plus considérables.

La situation forte et prospère de la Compagnie, la confiance dont elle jouit à si juste titre,
sont dues à son administration sage et pru-
dente, à sa loyauté dans les réglements des
sinistres, à la promptitude qu'elle apporte dans
le paiement des indemnités, enfin à l'esprit
d'équité et de conciliation qui préside à tous
ses actes.

Chaque année la Compagnie livre au public
le compte rendu de ses opérations.

D'après ces comptes, voici d'autre part le
tableau des sommes qu'elle a payées à ses assurés pour indemnités de sinistres, depuis l'année
1830 jusqu'à l'année 1871 inclusivement.

ANNÉE	NOMBRE	SOMMES.	ANNÉE	NOMBRE	SOMMES.
1830	53	89,999 98	report.	16,676	15,132,646 05
1831	207	236,994 73	1852	1,423	779,068 43
1832	298	285.059 75	1853	1,457	1,087,378 52
1833	456	585,700 05	1854	1,618	1,092,199 55
1834	637	842,977 42	1855	2,075	1,639,180 17
1835	527	832,853 76	1856	1,927	1,480,923 19
1836	577	633,888 26	1857	2,278	1,721,924 77
1837	583	615,994 39	1858	2,705	2,068,549 52
1838	637	843,302 02	1859	2,779	1,838,195 31
1839	680	696,536 62	1860	2,573	1,336,811 79
1840	818	844,255 11	1861	3,005	2,492,293 96
1841	655	591,878 02	1862	3,009	1,788,125 28
1842	901	854,972 60	1863	3,228	1,874,648 02
1843	683	680,318 42	1864	3,824	2,920,239 20
1844	925	735,358 30	1865	3,883	2,611,514 20
1845	866	869,727 47	1866	3,626	2,074,299 19
1846	1,147	920,058 81	1867	4,009	2,511,058 72
1847	1,248	789,904 64	1868	4,771	3,154,313 86
1848	1,054	703,678 31	1869	4,611	3,161,387 80
1849	1,151	760,886 36	1870	4,577	3,396,082 19
1850	1,282	979,821 79	1871	3,639	2,107,560 61
1851	1,311	738,479 24			
a rep.	16,676	15,132,646 05	totaux	77,713	56,268,400 33

La Compagnie est représentée en France, en Algérie et dans les pays étrangers par des agents généraux régulièrement investis des pouvoirs nécessaires pour traiter en son nom.

Les Bureaux de l'administration centrale sont établis dans son hôtel, à Paris, rue de Châteaudun, n° 44.

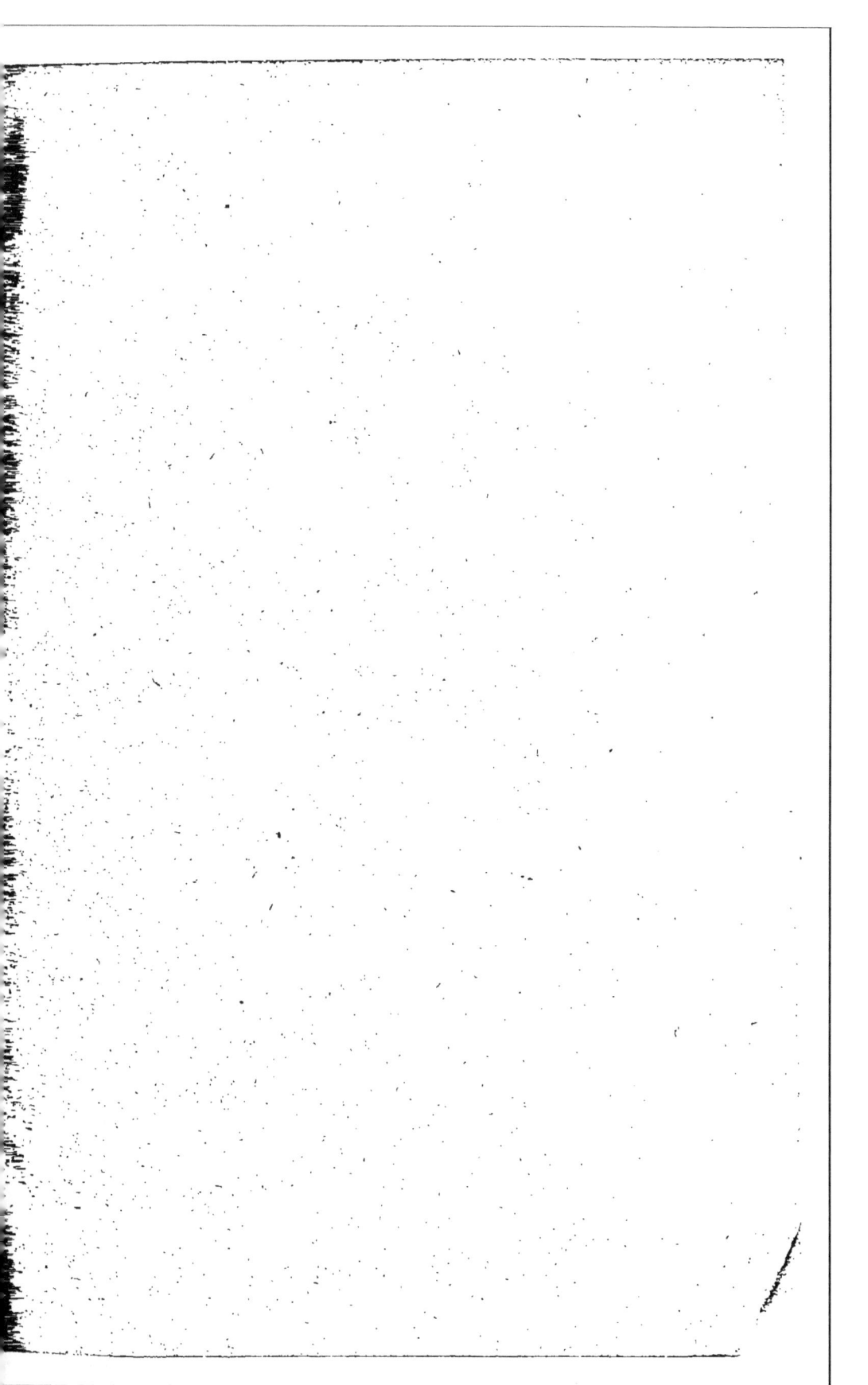

EN FONDATION

LA MUTUELLE DU CENTRE

SOCIÉTÉ D'ASSURANCES

CONTRE LA GRÊLE

POUR LES DÉPARTEMENTS DE

L'Allier, Saône-et-Loire, Nièvre, Cher et Puy-de-Dôme.

—

POUR SE PROCURER DES PROJETS DE STATUTS ET
POUR ADHÉRER, S'ADRESSER A

M. GILLOT fils, DIRECTEUR-FONDATEUR,

Cours Bérulle, 9,

A MOULINS (ALLIER)

www.ingramcontent.com/pod-product-compliance
Lightning Source LLC
Chambersburg PA
CBHW050524210326
41520CB00012B/2432